Published by Danilo Promotions Ltd., EN9 1AS, England. Printed in China.
Contact Danilo for a full listing of our complete range of Calendars, Diaries and Greeting Cards or find us on the internet:
www.danilo.com or email us at: sales@danilo.com

 /DaniloCalendarsUK   @CalendarsUK

While every effort is made to ensure that the information included in this diary is correct, Danilo Promotions Ltd. cannot be held responsible for errors and omissions. The Banking and Financial Dealings Act, 1971, allows the Government to alter dates at short notice.

Danilo is committed to making all of its products fully recyclable.

PERSONAL INFORMATION

NAME:

ADDRESS:

MOBILE:

EMAIL:

IN CASE OF EMERGENCY PLEASE CONTACT

NAME:

ADDRESS:

MOBILE:

DOCTOR:

DOCTOR TELEPHONE:

KNOWN ALLERGIES:

NOTES

2023 YEAR TO VIEW

JANUARY

WK	M	T	W	T	F	S	S
52							1
1	2	3	4	5	6	7	8
2	9	10	11	12	13	14	15
3	16	17	18	19	20	21	22
4	23	24	25	26	27	28	29
5	30	31					

FEBRUARY

WK	M	T	W	T	F	S	S
5			1	2	3	4	5
6	6	7	8	9	10	11	12
7	13	14	15	16	17	18	19
8	20	21	22	23	24	25	26
9	27	28					

MARCH

WK	M	T	W	T	F	S	S
9			1	2	3	4	5
10	6	7	8	9	10	11	12
11	13	14	15	16	17	18	19
12	20	21	22	23	24	25	26
13	27	28	29	30	31		

APRIL

WK	M	T	W	T	F	S	S
13						1	2
14	3	4	5	6	7	8	9
15	10	11	12	13	14	15	16
16	17	18	19	20	21	22	23
17	24	25	26	27	28	29	30

MAY

WK	M	T	W	T	F	S	S
18	1	2	3	4	5	6	7
19	8	9	10	11	12	13	14
20	15	16	17	18	19	20	21
21	22	23	24	25	26	27	28
22	29	30	31				

JUNE

WK	M	T	W	T	F	S	S
22				1	2	3	4
23	5	6	7	8	9	10	11
24	12	13	14	15	16	17	18
25	19	20	21	22	23	24	25
26	26	27	28	29	30		

JULY

WK	M	T	W	T	F	S	S
26						1	2
27	3	4	5	6	7	8	9
28	10	11	12	13	14	15	16
29	17	18	19	20	21	22	23
30	24	25	26	27	28	29	30
31	31						

AUGUST

WK	M	T	W	T	F	S	S
31		1	2	3	4	5	6
32	7	8	9	10	11	12	13
33	14	15	16	17	18	19	20
34	21	22	23	24	25	26	27
35	28	29	30	31			

SEPTEMBER

WK	M	T	W	T	F	S	S
35					1	2	3
36	4	5	6	7	8	9	10
37	11	12	13	14	15	16	17
38	18	19	20	21	22	23	24
39	25	26	27	28	29	30	

OCTOBER

WK	M	T	W	T	F	S	S
39							1
40	2	3	4	5	6	7	8
41	9	10	11	12	13	14	15
42	16	17	18	19	20	21	22
43	23	24	25	26	27	28	29
44	30	31					

NOVEMBER

WK	M	T	W	T	F	S	S
44			1	2	3	4	5
45	6	7	8	9	10	11	12
46	13	14	15	16	17	18	19
47	20	21	22	23	24	25	26
48	27	28	29	30			

DECEMBER

WK	M	T	W	T	F	S	S
48					1	2	3
49	4	5	6	7	8	9	10
50	11	12	13	14	15	16	17
51	18	19	20	21	22	23	24
52	25	26	27	28	29	30	31

2024 YEAR TO VIEW

JANUARY

WK	M	T	W	T	F	S	S
1	1	2	3	4	5	6	7
2	8	9	10	11	12	13	14
3	15	16	17	18	19	20	21
4	22	23	24	25	26	27	28
5	29	30	31				

FEBRUARY

WK	M	T	W	T	F	S	S
5				1	2	3	4
6	5	6	7	8	9	10	11
7	12	13	14	15	16	17	18
8	19	20	21	22	23	24	25
9	26	27	28	29			

MARCH

WK	M	T	W	T	F	S	S
9					1	2	3
10	4	5	6	7	8	9	10
11	11	12	13	14	15	16	17
12	18	19	20	21	22	23	24
13	25	26	27	28	29	30	31

APRIL

WK	M	T	W	T	F	S	S
14	1	2	3	4	5	6	7
15	8	9	10	11	12	13	14
16	15	16	17	18	19	20	21
17	22	23	24	25	26	27	28
18	29	30					

MAY

WK	M	T	W	T	F	S	S
18			1	2	3	4	5
19	6	7	8	9	10	11	12
20	13	14	15	16	17	18	19
21	20	21	22	23	24	25	26
22	27	28	29	30	31		

JUNE

WK	M	T	W	T	F	S	S
22						1	2
23	3	4	5	6	7	8	9
24	10	11	12	13	14	15	16
25	17	18	19	20	21	22	23
26	24	25	26	27	28	29	30

JULY

WK	M	T	W	T	F	S	S
27	1	2	3	4	5	6	7
28	8	9	10	11	12	13	14
29	15	16	17	18	19	20	21
30	22	23	24	25	26	27	28
31	29	30	31				

AUGUST

WK	M	T	W	T	F	S	S
31				1	2	3	4
32	5	6	7	8	9	10	11
33	12	13	14	15	16	17	18
34	19	20	21	22	23	24	25
35	26	27	28	29	30	31	

SEPTEMBER

WK	M	T	W	T	F	S	S
35							1
36	2	3	4	5	6	7	8
37	9	10	11	12	13	14	15
38	16	17	18	19	20	21	22
39	23	24	25	26	27	28	29
40	30						

OCTOBER

WK	M	T	W	T	F	S	S
40		1	2	3	4	5	6
41	7	8	9	10	11	12	13
42	14	15	16	17	18	19	20
43	21	22	23	24	25	26	27
44	28	29	30	31			

NOVEMBER

WK	M	T	W	T	F	S	S
44					1	2	3
45	4	5	6	7	8	9	10
46	11	12	13	14	15	16	17
47	18	19	20	21	22	23	24
48	25	26	27	28	29	30	

DECEMBER

WK	M	T	W	T	F	S	S
48							1
49	2	3	4	5	6	7	8
50	9	10	11	12	13	14	15
51	16	17	18	19	20	21	22
52	23	24	25	26	27	28	29
1	30	31					

2023 NOTABLE DATES

	2023
NEW YEAR'S DAY	JAN 1
NEW YEAR HOLIDAY	JAN 2
BANK HOLIDAY (SCOTLAND)	JAN 3
CHINESE NEW YEAR (RABBIT)	JAN 22
VALENTINE'S DAY	FEB 14
SHROVE TUESDAY	FEB 21
ST. DAVID'S DAY	MAR 1
ST. PATRICK'S DAY	MAR 17
MOTHERING SUNDAY (UK)	MAR 19
RAMADAN BEGINS	MAR 22
DAYLIGHT SAVING TIME STARTS	MAR 26
PASSOVER BEGINS	APR 5
GOOD FRIDAY	APR 7
EASTER SUNDAY	APR 9
EASTER MONDAY	APR 10
EARTH DAY	APR 22
ST. GEORGE'S DAY	APR 23
EARLY MAY BANK HOLIDAY	MAY 1
SPRING BANK HOLIDAY	MAY 29
FATHER'S DAY (UK)	JUN 18
PUBLIC HOLIDAY (NORTHERN IRELAND)	JUL 12
ISLAMIC NEW YEAR BEGINS	JUL 18
SUMMER BANK HOLIDAY (SCOTLAND)	AUG 7
SUMMER BANK HOLIDAY (ENG, NIR, WAL)	AUG 28
ROSH HASHANAH (JEWISH NEW YEAR) BEGINS	SEP 15
INTERNATIONAL DAY OF PEACE (UNITED NATIONS)	SEP 21
YOM KIPPUR BEGINS	SEP 24
WORLD MENTAL HEALTH DAY	OCT 10
DAYLIGHT SAVING TIME ENDS	OCT 29
HALLOWEEN	OCT 31
GUY FAWKES NIGHT	NOV 5
DIWALI / REMEMBRANCE SUNDAY	NOV 12
ST. ANDREW'S DAY	NOV 30
CHRISTMAS DAY	DEC 25
BOXING DAY	DEC 26
NEW YEAR'S EVE	DEC 31

PLANNER 23

JANUARY	FEBRUARY	MARCH
1 S	1 W	1 W
2 M	2 T	2 T
3 T	3 F	3 F
4 W	4 S	4 S
5 T	5 S	5 S
6 F	6 M	6 M
7 S	7 T	7 T
8 S	8 W	8 W
9 M	9 T	9 T
10 T	10 F	10 F
11 W	11 S	11 S
12 T	12 S	12 S
13 F	13 M	13 M
14 S	14 T	14 T
15 S	15 W	15 W
16 M	16 T	16 T
17 T	17 F	17 F
18 W	18 S	18 S
19 T	19 S	19 S
20 F	20 M	20 M
21 S	21 T	21 T
22 S	22 W	22 W
23 M	23 T	23 T
24 T	24 F	24 F
25 W	25 S	25 S
26 T	26 S	26 S
27 F	27 M	27 M
28 S	28 T	28 T
29 S		29 W
30 M		30 T
31 T		31 F

PLANNER 23

APRIL	MAY	JUNE
1 S	1 M	1 T
2 S	2 T	2 F
3 M	3 W	3 S
4 T	4 T	4 S
5 W	5 F	5 M
6 T	6 S	6 T
7 F	7 S	7 W
8 S	8 M	8 T
9 S	9 T	9 F
10 M	10 W	10 S
11 T	11 T	11 S
12 W	12 F	12 M
13 T	13 S	13 T
14 F	14 S	14 W
15 S	15 M	15 T
16 S	16 T	16 F
17 M	17 W	17 S
18 T	18 T	18 S
19 W	19 F	19 M
20 T	20 S	20 T
21 F	21 S	21 W
22 S	22 M	22 T
23 S	23 T	23 F
24 M	24 W	24 S
25 T	25 T	25 S
26 W	26 F	26 M
27 T	27 S	27 T
28 F	28 S	28 W
29 S	29 M	29 T
30 S	30 T	30 F
	31 W	

PLANNER 23

JULY	AUGUST	SEPTEMBER
1 S	1 T	1 F
2 S	2 W	2 S
3 M	3 T	3 S
4 T	4 F	4 M
5 W	5 S	5 T
6 T	6 S	6 W
7 F	7 M	7 T
8 S	8 T	8 F
9 S	9 W	9 S
10 M	10 T	10 S
11 T	11 F	11 M
12 W	12 S	12 T
13 T	13 S	13 W
14 F	14 M	14 T
15 S	15 T	15 F
16 S	16 W	16 S
17 M	17 T	17 S
18 T	18 F	18 M
19 W	19 S	19 T
20 T	20 S	20 W
21 F	21 M	21 T
22 S	22 T	22 F
23 S	23 W	23 S
24 M	24 T	24 S
25 T	25 F	25 M
26 W	26 S	26 T
27 T	27 S	27 W
28 F	28 M	28 T
29 S	29 T	29 F
30 S	30 W	30 S
31 M	31 T	

PLANNER 23

OCTOBER	NOVEMBER	DECEMBER
1 S	1 W	1 F
2 M	2 T	2 S
3 T	3 F	3 S
4 W	4 S	4 M
5 T	5 S	5 T
6 F	6 M	6 W
7 S	7 T	7 T
8 S	8 W	8 F
9 M	9 T	9 S
10 T	10 F	10 S
11 W	11 S	11 M
12 T	12 S	12 T
13 F	13 M	13 W
14 S	14 T	14 T
15 S	15 W	15 F
16 M	16 T	16 S
17 T	17 F	17 S
18 W	18 S	18 M
19 T	19 S	19 T
20 F	20 M	20 W
21 S	21 T	21 T
22 S	22 W	22 F
23 M	23 T	23 S
24 T	24 F	24 S
25 W	25 S	25 M
26 T	26 S	26 T
27 F	27 M	27 W
28 S	28 T	28 T
29 S	29 W	29 F
30 M	30 T	30 S
31 T		31 S

JANUARY

GOALS:

NOTES:

TO DO LIST:

BIRTHDAYS:

DECEMBER 22

WEEK 52

26 MONDAY

27 TUESDAY

28 WEDNESDAY

29 THURSDAY

DEC 22 / JAN 23

FRIDAY 30

NEW YEAR'S EVE

SATURDAY 31

NEW YEAR'S DAY

SUNDAY 1

T	F	S	S	M	T	W	T	F	S	S	M	T	W	T	F	S	S	M	T	W	T	F	S	S	M	T	W	T	F	S
15	16	17	18	19	20	21	22	23	24	25	26	27	28	29	30	31	1	2	3	4	5	6	7	8	9	10	11	12	13	14

JANUARY 23

WEEK 1

2 MONDAY NEW YEAR HOLIDAY

3 TUESDAY BANK HOLIDAY (SCOTLAND)

4 WEDNESDAY

5 THURSDAY

JANUARY 23

FRIDAY 6

SATURDAY 7

SUNDAY 8

S	M	T	W	T	F	S	S	M	T	W	T	F	S	S	M	T	W	T	F	S	S	M	T	W	T	F	S	S	M	T
1	2	3	4	5	6	7	8	9	10	11	12	13	14	15	16	17	18	19	20	21	22	23	24	25	26	27	28	29	30	31

WEEK 2

9 MONDAY

10 TUESDAY

11 WEDNESDAY

12 THURSDAY

JANUARY 23

FRIDAY 13

SATURDAY 14

SUNDAY 15

NOTES

S	M	T	W	T	F	S	S	M	T	W	T	F	S	S	M	T	W	T	F	S	S	M	T	W	T	F	S	S	M	T
1	2	3	4	5	6	7	8	9	10	11	12	13	14	15	16	17	18	19	20	21	22	23	24	25	26	27	28	29	30	31

JANUARY 23

WEEK 3

16 MONDAY

17 TUESDAY

18 WEDNESDAY

19 THURSDAY

JANUARY 23

FRIDAY 20

SATURDAY 21

CHINESE NEW YEAR (RABBIT)

SUNDAY 22

NOTES

S	M	T	W	T	F	S	S	M	T	W	T	F	S	S	M	T	W	T	F	S	S	M	T	W	T	F	S	S	M	T
1	2	3	4	5	6	7	8	9	10	11	12	13	14	15	16	17	18	19	20	21	22	23	24	25	26	27	28	29	30	31

 **WEEK 4**

23 MONDAY

24 TUESDAY

25 WEDNESDAY

26 THURSDAY

JANUARY 23

FRIDAY 27

SATURDAY 28

SUNDAY 29

NOTES

S	M	T	W	T	F	S	S	M	T	W	T	F	S	S	M	T	W	T	F	S	S	M	T	W	T	F	S	S	M	T
1	2	3	4	5	6	7	8	9	10	11	12	13	14	15	16	17	18	19	20	21	22	23	24	25	26	27	28	29	30	31

FEBRUARY

GOALS:

NOTES:

TO DO LIST:

BIRTHDAYS:

JAN/FEB 23

WEEK 5

30 MONDAY

31 TUESDAY

1 WEDNESDAY

2 THURSDAY

FEBRUARY 23

FRIDAY 3

SATURDAY 4

SUNDAY 5

NOTES

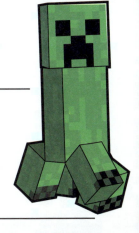

M	T	W	T	F	S	S	M	T	W	T	F	S	S	M	T	W	T	F	S	S	M	T	W	T	F	S	S	M	T	W
16	17	18	19	20	21	22	23	24	25	26	27	28	29	30	31	1	2	3	4	5	6	7	8	9	10	11	12	13	14	15

FEBRUARY 23

WEEK 6

6 MONDAY

7 TUESDAY

8 WEDNESDAY

9 THURSDAY

FRIDAY 10

SATURDAY 11

SUNDAY 12

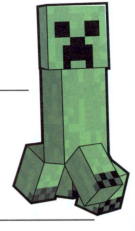

W	T	F	S	S	M	T	W	T	F	S	S	M	T	W	T	F	S	S	M	T	W	T	F	S	S	M	T
1	2	3	4	5	6	7	8	9	10	11	12	13	14	15	16	17	18	19	20	21	22	23	24	25	26	27	28

FEBRUARY 23

WEEK 7

13 MONDAY

14 TUESDAY
VALENTINE'S DAY

15 WEDNESDAY

16 THURSDAY

FEBRUARY 23

FRIDAY 17

SATURDAY 18

SUNDAY 19

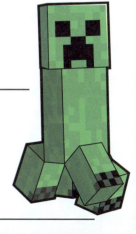

W	T	F	S	S	M	T	W	T	F	S	S	M	T	W	T	F	S	S	M	T	W	T	F	S	S	M	T
1	2	3	4	5	6	7	8	9	10	11	12	13	14	15	16	17	18	19	20	21	22	23	24	25	26	27	28

FEBRUARY 23

WEEK 8

20 MONDAY

21 TUESDAY   SHROVE TUESDAY

22 WEDNESDAY

23 THURSDAY

FEBRUARY 23

FRIDAY 24

SATURDAY 25

SUNDAY 26

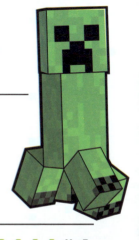

W	T	F	S	S	M	T	W	T	F	S	S	M	T	W	T	F	S	S	M	T	W	T	F	S	S	M	T
1	2	3	4	5	6	7	8	9	10	11	12	13	14	15	16	17	18	19	20	21	22	23	24	25	26	27	28

MARCH

GOALS:
_____
_____
_____
_____
_____

NOTES:
_____
_____
_____

TO DO LIST:
_____
_____
_____
_____
_____
_____
_____
_____
_____
_____
_____

BIRTHDAYS:
_____
_____
_____
_____
_____

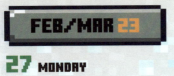 **WEEK 9**

27 MONDAY

28 TUESDAY

1 WEDNESDAY — ST. DAVID'S DAY

2 THURSDAY

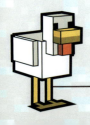

MARCH 23

FRIDAY 3

SATURDAY 4

SUNDAY 5

W	T	F	S	S	M	T	W	T	F	S	S	M	T	W	T	F	S	S	M	T	W	T	F	S	S	M	T
15	16	17	18	19	20	21	22	23	24	25	26	27	28	1	2	3	4	5	6	7	8	9	10	11	12	13	14

6 MONDAY

7 TUESDAY

8 WEDNESDAY

9 THURSDAY

MARCH 23

FRIDAY 10

SATURDAY 11

SUNDAY 12

W	T	F	S	S	M	T	W	T	F	S	S	M	T	W	T	F	S	S	M	T	W	T	F	S	S	M	T	W	T	F
1	2	3	4	5	6	7	8	9	10	11	12	13	14	15	16	17	18	19	20	21	22	23	24	25	26	27	28	29	30	31

MARCH 23   WEEK 11

13 MONDAY

14 TUESDAY

15 WEDNESDAY

16 THURSDAY

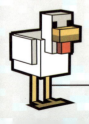

MARCH 23

ST. PATRICK'S DAY   **FRIDAY 17**

SATURDAY 18

MOTHERING SUNDAY (UK)   **SUNDAY 19**

W	T	F	S	S	M	T	W	T	F	S	S	M	T	W	T	F	S	S	M	T	W	T	F	S	S	M	T	W	T	F
1	2	3	4	5	6	7	8	9	10	11	12	13	14	15	16	17	18	19	20	21	22	23	24	25	26	27	28	29	30	31

MARCH 23

WEEK 12

20 MONDAY

21 TUESDAY

22 WEDNESDAY   RAMADAN BEGINS

23 THURSDAY

 **MARCH 23**

FRIDAY 24

SATURDAY 25

SUNDAY 26

DAYLIGHT SAVING TIME STARTS

 **NOTES**

W	T	F	S	S	M	T	W	T	F	S	S	M	T	W	T	F	S	S	M	T	W	T	F	S	S	M	T	W	T	F
1	2	3	4	5	6	7	8	9	10	11	12	13	14	15	16	17	18	19	20	21	22	23	24	25	26	27	28	29	30	31

APRIL

GOALS:

NOTES:

TO DO LIST:

BIRTHDAYS:

MARCH 23

WEEK 13

27 MONDAY

28 TUESDAY

29 WEDNESDAY

30 THURSDAY

MAR / APR 23

FRIDAY 31

SATURDAY 1

SUNDAY 2

T	F	S	S	M	T	W	T	F	S	S	M	T	W	T	F	S	S	M	T	W	T	F	S	S	M	T	W	T	F	S
16	17	18	19	20	21	22	23	24	25	26	27	28	29	30	31	1	2	3	4	5	6	7	8	9	10	11	12	13	14	15

APRIL 23

WEEK 14

3 MONDAY

4 TUESDAY

5 WEDNESDAY   PASSOVER BEGINS

6 THURSDAY

GOOD FRIDAY FRIDAY **7**

SATURDAY **8**

EASTER SUNDAY SUNDAY **9**

S	S	M	T	W	T	F	S	S	M	T	W	T	F	S	S	M	T	W	T	F	S	S	M	T	W	T	F	S	S
1	2	3	4	5	6	7	8	9	10	11	12	13	14	15	16	17	18	19	20	21	22	23	24	25	26	27	28	29	30

10 MONDAY

EASTER MONDAY

11 TUESDAY

12 WEDNESDAY

13 THURSDAY

APRIL 23

FRIDAY 14

SATURDAY 15

SUNDAY 16

S	S	M	T	W	T	F	S	S	M	T	W	T	F	S	S	M	T	W	T	F	S	S	M	T	W	T	F	S	S
1	2	3	4	5	6	7	8	9	10	11	12	13	14	15	16	17	18	19	20	21	22	23	24	25	26	27	28	29	30

APRIL 23

WEEK 16

17 MONDAY

18 TUESDAY

19 WEDNESDAY

20 THURSDAY

FRIDAY 21

SATURDAY 22

EARTH DAY

SUNDAY 23

ST. GEORGE'S DAY

S	M	T	W	T	F	S	S	M	T	W	T	F	S	S	M	T	W	T	F	S	S	M	T	W	T	F	S	S
1	2	3	4	5	6	7	8	9	10	11	12	13	14	15	16	17	18	19	20	21	22	23	24	25	26	27	28	29	30

 **APRIL 23**   WEEK 17

24 MONDAY

25 TUESDAY

26 WEDNESDAY

27 THURSDAY

APRIL 23

FRIDAY 28

SATURDAY 29

SUNDAY 30

S	S	M	T	W	T	F	S	S	M	T	W	T	F	S	S	M	T	W	T	F	S	S	M	T	W	T	F	S	S
1	2	3	4	5	6	7	8	9	10	11	12	13	14	15	16	17	18	19	20	21	22	23	24	25	26	27	28	29	30

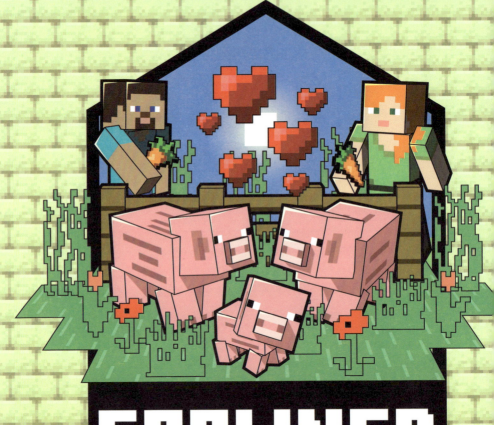

MAY

GOALS:
To ride a bike with NO hands

NOTES:

TO DO LIST:

BIRTHDAYS:

MAY 23

WEEK 18

1 MONDAY — EARLY MAY BANK HOLIDAY

2 TUESDAY

3 WEDNESDAY

4 THURSDAY

MAY 23

FRIDAY 5

SATURDAY 6

SUNDAY 7

M	T	W	T	F	S	S	M	T	W	T	F	S	S	M	T	W	T	F	S	S	M	T	W	T	F	S	S	M	T	W
1	2	3	4	5	6	7	8	9	10	11	12	13	14	15	16	17	18	19	20	21	22	23	24	25	26	27	28	29	30	31

MAY 23 — WEEK 19

8 MONDAY

9 TUESDAY

10 WEDNESDAY

11 THURSDAY

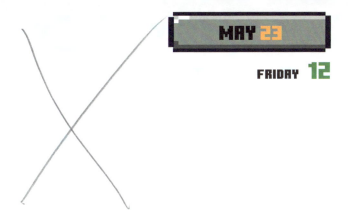

FRIDAY 12

SATURDAY 13

SUNDAY 14

M	T	W	T	F	S	S	M	T	W	T	F	S	S	M	T	W	T	F	S	S	M	T	W	T	F	S	S	M	T	W
1	2	3	4	5	6	7	8	9	10	11	12	13	14	15	16	17	18	19	20	21	22	23	24	25	26	27	28	29	30	31

15 MONDAY

16 TUESDAY

17 WEDNESDAY

18 THURSDAY

MAY 23

FRIDAY 19

SATURDAY 20

SUNDAY 21

NOTES

| M | T | W | T | F | S | S | M | T | W | T | F | S | S | M | T | W | T | F | S | S | M | T | W | T | F | S | S | M | T | W |
| 1 | 2 | 3 | 4 | 5 | 6 | 7 | 8 | 9 | 10 | 11 | 12 | 13 | 14 | 15 | 16 | 17 | 18 | 19 | 20 | 21 | 22 | 23 | 24 | 25 | 26 | 27 | 28 | 29 | 30 | 31 |

22 MONDAY

23 TUESDAY

24 WEDNESDAY

25 THURSDAY

MAY 23

FRIDAY 26

SATURDAY 27

SUNDAY 28

M	T	W	T	F	S	S	M	T	W	T	F	S	S	M	T	W	T	F	S	S	M	T	W	T	F	S	S	M	T	W
1	2	3	4	5	6	7	8	9	10	11	12	13	14	15	16	17	18	19	20	21	22	23	24	25	26	27	28	29	30	31

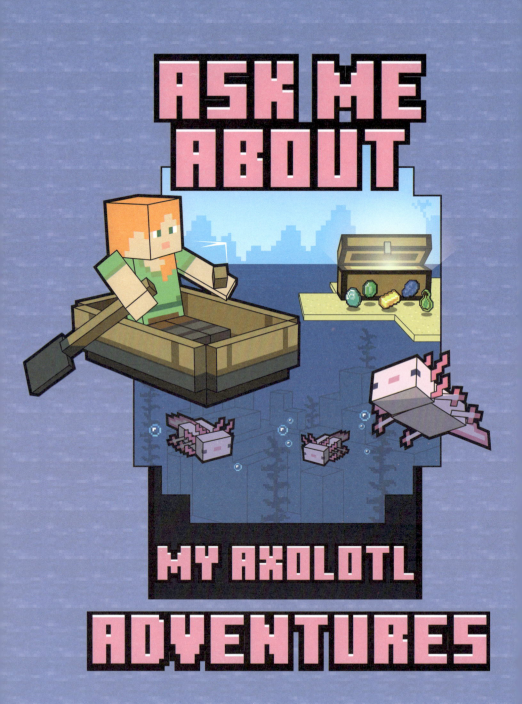

JUNE

GOALS:

NOTES:

TO DO LIST:

BIRTHDAYS:

29 MONDAY
SPRING BANK HOLIDAY

30 TUESDAY

31 WEDNESDAY

1 THURSDAY

JUNE 23

FRIDAY 2

SATURDAY 3

SUNDAY 4

NOTES

T	W	T	F	S	S	M	T	W	T	F	S	S	M	T	W	T	F	S	S	M	T	W	T	F	S	S	M	T	W	T
16	17	18	19	20	21	22	23	24	25	26	27	28	29	30	31	1	2	3	4	5	6	7	8	9	10	11	12	13	14	15

 **WEEK 2**

5 MONDAY

6 TUESDAY

7 WEDNESDAY

8 THURSDAY

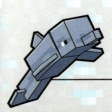

FRIDAY 9

SATURDAY 10

SUNDAY 11

T	F	S	S	M	T	W	T	F	S	S	M	T	W	T	F	S	S	M	T	W	T	F	S	S	M	T	W	T	F
1	2	3	4	5	6	7	8	9	10	11	12	13	14	15	16	17	18	19	20	21	22	23	24	25	26	27	28	29	30

12 MONDAY

13 TUESDAY

14 WEDNESDAY

15 THURSDAY

JUNE 23

FRIDAY 16

SATURDAY 17

FATHER'S DAY (UK)

SUNDAY 18

T	F	S	S	M	T	W	T	F	S	S	M	T	W	T	F	S	S	M	T	W	T	F	S	S	M	T	W	T	F
1	2	3	4	5	6	7	8	9	10	11	12	13	14	15	16	17	18	19	20	21	22	23	24	25	26	27	28	29	30

JUNE 23

WEEK 25

19 MONDAY

20 TUESDAY

21 WEDNESDAY

22 THURSDAY

JUNE 23

FRIDAY 23

SATURDAY 24

SUNDAY 25

NOTES

T	F	S	S	M	T	W	T	F	S	S	M	T	W	T	F	S	S	M	T	W	T	F	S	S	M	T	W	T	F
1	2	3	4	5	6	7	8	9	10	11	12	13	14	15	16	17	18	19	20	21	22	23	24	25	26	27	28	29	30

JULY 23

WEEK 26

26 MONDAY

27 TUESDAY

28 WEDNESDAY

29 THURSDAY

JUN/JUL 23

FRIDAY 30

SATURDAY 1

SUNDAY 2

J

NOTES

F	S	S	M	T	W	T	F	S	S	M	T	W	T	F	S	S	M	T	W	T	F	S	S	M	T	W	T	F	S
16	17	18	19	20	21	22	23	24	25	26	27	28	29	30	1	2	3	4	5	6	7	8	9	10	11	12	13	14	15

 WEEK 27

3 MONDAY

4 TUESDAY

5 WEDNESDAY

6 THURSDAY

JULY 23

FRIDAY 7

SATURDAY 8

SUNDAY 9

S	S	M	T	W	T	F	S	S	M	T	W	T	F	S	S	M	T	W	T	F	S	S	M	T	W	T	F	S	S	M
1	2	3	4	5	6	7	8	9	10	11	12	13	14	15	16	17	18	19	20	21	22	23	24	25	26	27	28	29	30	31

JULY 23

WEEK 28

10 MONDAY

11 TUESDAY

12 WEDNESDAY   PUBLIC HOLIDAY (NORTHERN IRELAND)

13 THURSDAY

JULY 23

FRIDAY 14

SATURDAY 15

SUNDAY 16

NOTES

S	S	M	T	W	T	F	S	S	M	T	W	T	F	S	S	M	T	W	T	F	S	S	M	T	W	T	F	S	S	M
1	2	3	4	5	6	7	8	9	10	11	12	13	14	15	16	17	18	19	20	21	22	23	24	25	26	27	28	29	30	31

 **WEEK 29**

JULY 23

17 MONDAY

---

18 TUESDAY — ISLAMIC NEW YEAR BEGINS

---

19 WEDNESDAY

---

20 THURSDAY

JULY 23

FRIDAY 21

SATURDAY 22

SUNDAY 23

NOTES

S	S	M	T	W	T	F	S	S	M	T	W	T	F	S	S	M	T	W	T	F	S	S	M	T	W	T	F	S	S	M
1	2	3	4	5	6	7	8	9	10	11	12	13	14	15	16	17	18	19	20	21	22	23	24	25	26	27	28	29	30	31

JULY 23

WEEK 31

24 MONDAY

25 TUESDAY

26 WEDNESDAY

27 THURSDAY

JULY 23

FRIDAY 28

SATURDAY 29

SUNDAY 30

S	S	M	T	W	T	F	S	S	M	T	W	T	F	S	S	M	T	W	T	F	S	S	M	T	W	T	F	S	S	M
1	2	3	4	5	6	7	8	9	10	11	12	13	14	15	16	17	18	19	20	21	22	23	24	25	26	27	28	29	30	31

AUGUST

GOALS:

NOTES:

TO DO LIST:

BIRTHDAYS:

JUL/AUG 23

WEEK 31

31 MONDAY

1 TUESDAY

2 WEDNESDAY

3 THURSDAY

AUGUST 23

FRIDAY 4

SATURDAY 5

SUNDAY 6

S	M	T	W	T	F	S	S	M	T	W	T	F	S	S	M	T	W	T	F	S	S	M	T	W	T	F	S	S	M	T
16	17	18	19	20	21	22	23	24	25	26	27	28	29	30	31	1	2	3	4	5	6	7	8	9	10	11	12	13	14	15

AUGUST 23

WEEK 32

7 MONDAY   SUMMER BANK HOLIDAY (SCOTLAND)

8 TUESDAY

9 WEDNESDAY

10 THURSDAY

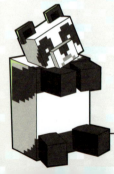

AUGUST 23

FRIDAY 11

SATURDAY 12

SUNDAY 13

T	W	T	F	S	S	M	T	W	T	F	S	S	M	T	W	T	F	S	S	M	T	W	T	F	S	S	M	T	W	T
1	2	3	4	5	6	7	8	9	10	11	12	13	14	15	16	17	18	19	20	21	22	23	24	25	26	27	28	29	30	31

AUGUST 23

WEEK 33

14 MONDAY

15 TUESDAY

16 WEDNESDAY

17 THURSDAY

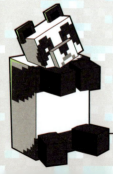

AUGUST 23

FRIDAY 18

SATURDAY 19

SUNDAY 20

NOTES

T	W	T	F	S	S	M	T	W	T	F	S	S	M	T	W	T	F	S	S	M	T	W	T	F	S	S	M	T	W	T
1	2	3	4	5	6	7	8	9	10	11	12	13	14	15	16	17	18	19	20	21	22	23	24	25	26	27	28	29	30	31

AUGUST 23

WEEK 34

21 MONDAY

22 TUESDAY

23 WEDNESDAY

24 THURSDAY

AUGUST 23

FRIDAY 25

SATURDAY 26

SUNDAY 27

T	W	T	F	S	S	M	T	W	T	F	S	S	M	T	W	T	F	S	S	M	T	W	T	F	S	S	M	T	W	T
1	2	3	4	5	6	7	8	9	10	11	12	13	14	15	16	17	18	19	20	21	22	23	24	25	26	27	28	29	30	31

GOALS:
_____
_____
_____
_____

NOTES:
_____
_____
_____

TO DO LIST:
_____
_____
_____
_____
_____
_____
_____
_____
_____
_____

BIRTHDAYS:
_____
_____
_____
_____
_____

AUGUST 23

WEEK 35

28 MONDAY
SUMMER BANK HOLIDAY (ENG, NIR, WAL)

29 TUESDAY

30 WEDNESDAY

31 THURSDAY

SEPTEMBER 23

FRIDAY 1

SATURDAY 2

SUNDAY 3

NOTES

W	T	F	S	S	M	T	W	T	F	S	S	M	T	W	T	F	S	S	M	T	W	T	F	S	S	M	T	W	T	F
16	17	18	19	20	21	22	23	24	25	26	27	28	29	30	31	1	2	3	4	5	6	7	8	9	10	11	12	13	14	15

SEPTEMBER 23

WEEK 36

4 MONDAY

5 TUESDAY

6 WEDNESDAY

7 THURSDAY

FRIDAY 8

SATURDAY 9

SUNDAY 10

F	S	S	M	T	W	T	F	S	S	M	T	W	T	F	S	S	M	T	W	T	F	S	S	M	T	W	T	F	S
1	2	3	4	5	6	7	8	9	10	11	12	13	14	15	16	17	18	19	20	21	22	23	24	25	26	27	28	29	30

SEPTEMBER 23

WEEK 37

11 MONDAY

12 TUESDAY

13 WEDNESDAY

14 THURSDAY

SEPTEMBER 23

ROSH HASHANAH (JEWISH NEW YEAR) BEGINS

FRIDAY 15

SATURDAY 16

SUNDAY 17

NOTES

F	S	S	M	T	W	T	F	S	S	M	T	W	T	F	S	S	M	T	W	T	F	S	S	M	T	W	T	F	S
1	2	3	4	5	6	7	8	9	10	11	12	13	14	15	16	17	18	19	20	21	22	23	24	25	26	27	28	29	30

SEPTEMBER 23

WEEK 38

18 MONDAY

19 TUESDAY

20 WEDNESDAY

21 THURSDAY
INTERNATIONAL DAY OF PEACE (UNITED NATIONS)

SEPTEMBER 23

FRIDAY 22

SATURDAY 23

YOM KIPPUR BEGINS

SUNDAY 24

F	S	S	M	T	W	T	F	S	S	M	T	W	T	F	S	S	M	T	W	T	F	S	S	M	T	W	T	F	S
1	2	3	4	5	6	7	8	9	10	11	12	13	14	15	16	17	18	19	20	21	22	23	24	25	26	27	28	29	30

OCTOBER

GOALS:

NOTES:

TO DO LIST:

BIRTHDAYS:

SEPTEMBER 23

WEEK 39

25 MONDAY

26 TUESDAY

27 WEDNESDAY

28 THURSDAY

FRIDAY 29

SATURDAY 30

SUNDAY 1

S	S	M	T	W	T	F	S	S	M	T	W	T	F	S	S	M	T	W	T	F	S	S	M	T	W	T	F	S	S
16	17	18	19	20	21	22	23	24	25	26	27	28	29	30	1	2	3	4	5	6	7	8	9	10	11	12	13	14	15

OCTOBER 23 — WEEK 40

2 MONDAY

3 TUESDAY

4 WEDNESDAY — Theo's birthday

5 THURSDAY

OCTOBER 23

FRIDAY 6

SATURDAY 7

SUNDAY 8

NOTES

S	M	T	W	T	F	S	S	M	T	W	T	F	S	S	M	T	W	T	F	S	S	M	T	W	T	F	S	S	M	T
1	2	3	4	5	6	7	8	9	10	11	12	13	14	15	16	17	18	19	20	21	22	23	24	25	26	27	28	29	30	31

OCTOBER 23

WEEK 41

9 MONDAY

10 TUESDAY   WORLD MENTAL HEALTH DAY

11 WEDNESDAY

12 THURSDAY

OCTOBER 23

FRIDAY 13

SATURDAY 14

SUNDAY 15

S	M	T	W	T	F	S	S	M	T	W	T	F	S	S	M	T	W	T	F	S	S	M	T	W	T	F	S	S	M	T
1	2	3	4	5	6	7	8	9	10	11	12	13	14	15	16	17	18	19	20	21	22	23	24	25	26	27	28	29	30	31

OCTOBER 23 | **WEEK 42**

16 MONDAY

17 TUESDAY

18 WEDNESDAY

19 THURSDAY

OCTOBER 23

FRIDAY 20

SATURDAY 21

SUNDAY 22

NOTES

S	M	T	W	T	F	S	S	M	T	W	T	F	S	S	M	T	W	T	F	S	S	M	T	W	T	F	S	S	M	T
1	2	3	4	5	6	7	8	9	10	11	12	13	14	15	16	17	18	19	20	21	22	23	24	25	26	27	28	29	30	31

OCTOBER 23

WEEK 4

23 MONDAY

24 TUESDAY

Uros's birthday

25 WEDNESDAY

26 THURSDAY

OCTOBER 23

FRIDAY 27

SATURDAY 28

DAYLIGHT SAVING TIME ENDS

SUNDAY 29

S	M	T	W	T	F	S	S	M	T	W	T	F	S	S	M	T	W	T	F	S	S	M	T	W	T	F	S	S	M	T
1	2	3	4	5	6	7	8	9	10	11	12	13	14	15	16	17	18	19	20	21	22	23	24	25	26	27	28	29	30	31

NOVEMBER

GOALS:

NOTES:

TO DO LIST:

BIRTHDAYS:

OCT/NOV 23

WEEK 44

30 MONDAY

31 TUESDAY HALLOWEEN

1 WEDNESDAY

2 THURSDAY

NOVEMBER 23

FRIDAY 3

SATURDAY 4

GUY FAWKES NIGHT   **SUNDAY** 5

M	T	W	T	F	S	S	M	T	W	T	F	S	S	M	T	W	T	F	S	S	M	T	W	T	F	S	S	M	T	W
16	17	18	19	20	21	22	23	24	25	26	27	28	29	30	31	1	2	3	4	5	6	7	8	9	10	11	12	13	14	15

NOVEMBER 23

WEEK 45

6 MONDAY

7 TUESDAY

8 WEDNESDAY

9 THURSDAY

FRIDAY 10

SATURDAY 11

DIWALI / REMEMBRANCE SUNDAY   **SUNDAY 12**

W	T	F	S	S	M	T	W	T	F	S	S	M	T	W	T	F	S	S	M	T	W	T	F	S	S	M	T	W	T
1	2	3	4	5	6	7	8	9	10	11	12	13	14	15	16	17	18	19	20	21	22	23	24	25	26	27	28	29	30

NOVEMBER 23

WEEK 46

13 MONDAY

14 TUESDAY

15 WEDNESDAY

16 THURSDAY

NOVEMBER 23

FRIDAY 17

SATURDAY 18

Jason's birthday

SUNDAY 19

 NOTES

W	T	F	S	S	M	T	W	T	F	S	S	M	T	W	T	F	S	S	M	T	W	T	F	S	S	M	T	W	T
1	2	3	4	5	6	7	8	9	10	11	12	13	14	15	16	17	18	19	20	21	22	23	24	25	26	27	28	29	30

NOVEMBER 23

WEEK 47

20 MONDAY

My birthday yay lets go

21 TUESDAY

22 WEDNESDAY

23 THURSDAY

FRIDAY 24

SATURDAY 25

SUNDAY 26

W	T	F	S	S	M	T	W	T	F	S	S	M	T	W	T	F	S	S	M	T	W	T	F	S	S	M	T	W	T
1	2	3	4	5	6	7	8	9	10	11	12	13	14	15	16	17	18	19	20	21	22	23	24	25	26	27	28	29	30

DECEMBER

GOALS:

NOTES:

TO DO LIST:

BIRTHDAYS:

NOVEMBER 23

WEEK 48

27 MONDAY

28 TUESDAY

29 WEDNESDAY

30 THURSDAY ST. ANDREW'S DAY

DECEMBER 23

FRIDAY 1

SATURDAY 2

SUNDAY 3

T	F	S	S	M	T	W	T	F	S	S	M	T	W	T	F	S	S	M	T	W	T	F	S	S	M	T	W	T	F
16	17	18	19	20	21	22	23	24	25	26	27	28	29	30	1	2	3	4	5	6	7	8	9	10	11	12	13	14	15

DECEMBER 23 WEEK 49

4 MONDAY

5 TUESDAY

6 WEDNESDAY

7 THURSDAY

DECEMBER 23

FRIDAY 8

SATURDAY 9

SUNDAY 10

F	S	S	M	T	W	T	F	S	S	M	T	W	T	F	S	S	M	T	W	T	F	S	S	M	T	W	T	F	S	S
1	2	3	4	5	6	7	8	9	10	11	12	13	14	15	16	17	18	19	20	21	22	23	24	25	26	27	28	29	30	31

WEEK 50

11 MONDAY

12 TUESDAY

13 WEDNESDAY

14 THURSDAY

DECEMBER 23

FRIDAY 15

SATURDAY 16

SUNDAY 17

F	S	S	M	T	W	T	F	S	S	M	T	W	T	F	S	S	M	T	W	T	F	S	S	M	T	W	T	F	S	S
1	2	3	4	5	6	7	8	9	10	11	12	13	14	15	16	17	18	19	20	21	22	23	24	25	26	27	28	29	30	31

DECEMBER 23

WEEK 51

18 MONDAY

19 TUESDAY

20 WEDNESDAY

21 THURSDAY

FRIDAY 22

SATURDAY 23

SUNDAY 24

F	S	S	M	T	W	T	F	S	S	M	T	W	T	F	S	S	M	T	W	T	F	S	S	M	T	W	T	F	S	S
1	2	3	4	5	6	7	8	9	10	11	12	13	14	15	16	17	18	19	20	21	22	23	24	25	26	27	28	29	30	31

25 MONDAY
CHRISTMAS DAY

26 TUESDAY
BOXING DAY

27 WEDNESDAY

28 THURSDAY

DECEMBER 23

FRIDAY 29

SATURDAY 30

NEW YEAR'S EVE

SUNDAY 31

F	S	S	M	T	W	T	F	S	S	M	T	W	T	F	S	S	M	T	W	T	F	S	S	M	T	W	T	F	S	S
1	2	3	4	5	6	7	8	9	10	11	12	13	14	15	16	17	18	19	20	21	22	23	24	25	26	27	28	29	30	31

PLANNER 24

JANUARY
1 M
2 T
3 W
4 T
5 F
6 S
7 S
8 M
9 T
10 W
11 T
12 F
13 S
14 S
15 M
16 T
17 W
18 T
19 F
20 S
21 S
22 M
23 T
24 W
25 T
26 F
27 S
28 S
29 M
30 T
31 W

FEBRUARY
1 T
2 F
3 S
4 S
5 M
6 T
7 W
8 T
9 F
10 S
11 S
12 M
13 T
14 W
15 T
16 F
17 S
18 S
19 M
20 T
21 W
22 T
23 F
24 S
25 S
26 M
27 T
28 W
29 T

MARCH
1 F
2 S
3 S
4 M
5 T
6 W
7 T
8 F
9 S
10 S
11 M
12 T
13 W
14 T
15 F
16 S
17 S
18 M
19 T
20 W
21 T
22 F
23 S
24 S
25 M
26 T
27 W
28 T
29 F
30 S
31 S

PLANNER 24

APRIL	MAY	JUNE
1 M	1 W	1 S
2 T	2 T	2 S
3 W	3 F	3 M
4 T	4 S	4 T
5 F	5 S	5 W
6 S	6 M	6 T
7 S	7 T	7 F
8 M	8 W	8 S
9 T	9 T	9 S
10 W	10 F	10 M
11 T	11 S	11 T
12 F	12 S	12 W
13 S	13 M	13 T
14 S	14 T	14 F
15 M	15 W	15 S
16 T	16 T	16 S
17 W	17 F	17 M
18 T	18 S	18 T
19 F	19 S	19 W
20 S	20 M	20 T
21 S	21 T	21 F
22 M	22 W	22 S
23 T	23 T	23 S
24 W	24 F	24 M
25 T	25 S	25 T
26 F	26 S	26 W
27 S	27 M	27 T
28 S	28 T	28 F
29 M	29 W	29 S
30 T	30 T	30 S
	31 F	

PLANNER 24

JULY

1 M
2 T
3 W
4 T
5 F
6 S
7 S
8 M
9 T
10 W
11 T
12 F
13 S
14 S
15 M
16 T
17 W
18 T
19 F
20 S
21 S
22 M
23 T
24 W
25 T
26 F
27 S
28 S
29 M
30 T
31 W

AUGUST

1 T
2 F
3 S
4 S
5 M
6 T
7 W
8 T
9 F
10 S
11 S
12 M
13 T
14 W
15 T
16 F
17 S
18 S
19 M
20 T
21 W
22 T
23 F
24 S
25 S
26 M
27 T
28 W
29 T
30 F
31 S

SEPTEMBER

1 S
2 M
3 T
4 W
5 T
6 F
7 S
8 S
9 M
10 T
11 W
12 T
13 F
14 S
15 S
16 M
17 T
18 W
19 T
20 F
21 S
22 S
23 M
24 T
25 W
26 T
27 F
28 S
29 S
30 M

PLANNER 24

OCTOBER

1 T
2 W
3 T
4 F
5 S
6 S
7 M
8 T
9 W
10 T
11 F
12 S
13 S
14 M
15 T
16 W
17 T
18 F
19 S
20 S
21 M
22 T
23 W
24 T
25 F
26 S
27 S
28 M
29 T
30 W
31 T

NOVEMBER

1 F
2 S
3 S
4 M
5 T
6 W
7 T
8 F
9 S
10 S
11 M
12 T
13 W
14 T
15 F
16 S
17 S
18 M
19 T
20 W
21 T
22 F
23 S
24 S
25 M
26 T
27 W
28 T
29 F
30 S

DECEMBER

1 S
2 M
3 T
4 W
5 T
6 F
7 S
8 S
9 M
10 T
11 W
12 T
13 F
14 S
15 S
16 M
17 T
18 W
19 T
20 F
21 S
22 S
23 M
24 T
25 W
26 T
27 F
28 S
29 S
30 M
31 T

ADDRESS/PHONE NUMBERS

NAME

ADDRESS

TELEPHONE　　　　　　　　　　　　**MOBILE**

EMAIL

NAME

ADDRESS

TELEPHONE　　　　　　　　　　　　**MOBILE**

EMAIL

NAME

ADDRESS

TELEPHONE　　　　　　　　　　　　**MOBILE**

EMAIL

NAME

ADDRESS

TELEPHONE　　　　　　　　　　　　**MOBILE**

EMAIL

NAME

ADDRESS

TELEPHONE　　　　　　　　　　　　**MOBILE**

EMAIL

NAME

ADDRESS

TELEPHONE　　　　　　　　　　　　**MOBILE**

EMAIL

ADDRESS/PHONE NUMBERS

NAME

ADDRESS

TELEPHONE **MOBILE**

EMAIL

NAME

ADDRESS

TELEPHONE **MOBILE**

EMAIL

NAME

ADDRESS

TELEPHONE **MOBILE**

EMAIL

NAME

ADDRESS

TELEPHONE **MOBILE**

EMAIL

NAME

ADDRESS

TELEPHONE **MOBILE**

EMAIL

NAME

ADDRESS

TELEPHONE **MOBILE**

EMAIL

NOTES

NOTES

NOTES

NOTES

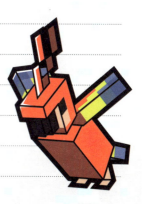